collection améthyste

Modo et l'étoile polaire

texte de Judith Hamel
illustrations de Lisa Lévesque

Bouton d'or Acadie

La journée a été bien remplie. Modo range son pinceau, ses pots de peinture et sa tablette à dessin.

— N'oublie pas de remettre les capuchons sur tes marqueurs, lui rappelle sa maman. Ils ne doivent pas sécher.

Dans la salle de bain, Modo se brosse les dents. Il se débarbouille le visage et les mains.

— Voilà ! dit-il en s'examinant dans le miroir, je suis prêt pour une bonne nuit de sommeil.

Du haut de l'escalier, Modo demande à son papa de lui apporter un peu d'eau.

— J'ai soif !

Après avoir bu un verre d'eau bien fraîche, Modo embrasse son papa et lui souhaite bonne nuit.

La maman de Modo remonte les couvertures jusqu'aux épaules de l'ourson.

— Maman, est-ce que bientôt j'aurai un nouveau foulard ?

— Je n'ai pas encore tricoté ton bonnet et tes mitaines pour remplacer ceux que tu as perdus. Je ferai le foulard plus tard. De toute façon, tu n'en as pas besoin pour le moment, il ne fait pas très froid ces temps-ci.

Aussitôt seul, Modo ferme les yeux et respire profondément. Nerveux, il ravale sa salive et prononce la phrase que la lune lui a apprise :

— Lune, lune, lune.

Pouf !

En un éclair, Modo se retrouve assis sur un nuage flottant dans le ciel. Il jette un coup d'oeil en bas.

— Wow ! J'ai la tête qui tourne. C'est haut ici. Je ne vois plus ma maison.

Modo ne se sent pas très bien. Il est étourdi et attristé d'être seul et si loin de chez lui. Il sent ses yeux se remplir de larmes.

— Oh non ! Qu'est-ce que j'ai fait ? Où suis-je ?

Soudain, une lumière intense enveloppe Modo. Une voix se fait entendre :

— Modo… Youyou…

— Hein ? Où es-tu ?

— Là, derrière les nuages.

Modo s'essuie les yeux.

— Je croyais que j'étais perdu, dit-il en reniflant.

— Non, non, dit la lune. Ne t'inquiète pas. Je suis là, et je ne te laisserai pas tomber.

— Oh ! J'espère ! Car c'est haut ici.

Au même moment, Modo et la lune éclatent de rire.

En se glissant vers le côté, la lune dit :

— Viens avec moi. La nuit passe vite, et je veux te présenter une bonne amie. C’est une étoile. L’étoile Polaire.

Modo se retourne et regarde l’étoile.

— Mais… c’est mon bonnet… et mes mitaines, dit-il surpris.

— Oui, explique la lune. Il y a eu de grands vents dernièrement. Ton bonnet et tes mitaines se sont décrochés. L’étoile Polaire les a attrapés.

— Hi, hi, s'exclame Modo. Tu es drôle avec mon bonnet et mes mitaines. C'est fou, je t'imaginais plus brillante. Je t'ai déjà vue le soir dans le ciel. Tu es l'étoile qui ne bouge pas.

— C'est vrai, je ne suis pas l'étoile la plus brillante. Mais je suis tout de même bien visible, et je suis très utile. J'indique le pôle Nord dans le ciel. Grâce à moi, quand tu es sur ta planète Terre, tu peux repérer où tu es. C'est pour mieux t'aider que j'essaie de ne pas trop bouger.

— Tu sais, dit Modo à l'étoile Polaire, tu peux les garder, mon bonnet et mes mitaines. Ils te vont bien.

— Merci ! N'oublie pas que tu peux compter sur moi pour te guider le soir… quand il n'y a pas trop de nuages… tuf ! tuf ! dit l'étoile en essayant de disperser les gros nuages autour d'elle.

— Je me demande, dit Modo, si tu aurais vu par hasard le foulard que j'ai perdu ?

— Oui, oui ! C'est une amie qui l'a. Pas une étoile, mais une planète : la planète Mars. Avant qu'on l'attrape, celle-là, ça risque de prendre du temps. C'est une vraie vagabonde ! Mais à nous deux, on pourra y arriver.

À propos de Bouton d'or Acadie...
Depuis longtemps en Acadie, à la saison florissante, la nature est parsemée de marguerites jaunes qu'on surnomme boutons d'or. En hommage à cette vision fleurie, la fondatrice de Bouton d'or Acadie enr., Marguerite Maillet, a voulu représenter l'entreprise par le symbole floral que rappelle son prénom. Exprimant à la fois le respect d'un imaginaire ancestral et de l'éclosion de la jeunesse, Bouton d'or Acadie enr. participe au développement de la littérature jeunesse en Acadie et partout dans le monde. (Judith Hamel)

Texte original de Judith Hamel
Illustrations de Lisa Lévesque
Maquette de la couverture : Jovette Cyr et Claude Guy Gallant
Mise en pages : Marguerite Maillet

Collection améthyste : ISSN 1206-2898
Modo et l'étoile Polaire : ISBN 2-922203-10-7
Première édition : 4e trimestre 1996
Édition spéciale : 3e trimestre 2005
Bibliothèque nationale du Canada
Bibliothèque nationale du Québec
Imprimeur : Transcontinental

204C - 236, rue Saint-Georges
Moncton (N.-B.), E1C 1W1, CANADA
Téléphone : (506) 382-1367
Télécopieur : (506) 854-7577
Courriel : boutondoracadie@nb.aibn.com
Internet :www.boutondoracadie.com et http://boutondor.info.ca

Cette édition spéciale est rendue possible grâce au programme de littératie « Lire, découvrir et grandir » des Caisses populaires acadiennes.

Imprimé au Canada